AF649893

(b) »Die Schnecke und der Buckelwal« im Unterricht

INHALTSANGABE

b.1

Vorweg ein praktischer Hinweis zum nicht paginierten Buch. Für Querverweise und die Angaben auf den Kopiervorlagen wird folgende Seitenzählung verwendet: Seite 1 startet auf der ersten rechten Bilderbuchseite mit der Titelseite, Seite 2 ist die Seite, auf der die Schnecke vorgestellt wird, usw. Es ist sinnvoll, die Seiten für die Arbeit in der Schule zu paginieren.

Das Buch »Die Schnecke und der Buckelwal« von Axel Scheffler und Julia Donaldson erzählt von der Freundschaft und der außergewöhnlichen Reise einer Schnecke und eines Buckelwals.

Eine kleine, neugierige Schnecke sitzt mit ihren Freunden auf einem Felsen am Hafen und langweilt sich. Da überkommt sie die Reiselust und sie schreibt kurzerhand eine Nachricht an den Felsen: »Wer nimmt mich mit um die Welt«? (S. 5). Die anderen Schnecken haben dafür kein Verständnis und belächeln die Schnecke mit dem »juckenden Fuß«.

Eines Nachts kommt der große Buckelwal und lädt die Schnecke ein, aufzuspringen: »Steig auf und fahr mit mir.« (S. 7) Und so reist die kleine Schnecke auf der Schwanzflosse des Buckelwals um die Welt und bekommt eine Menge zu sehen.

Gemeinsam erkunden sie die Weiten des Ozeans, sehen die Arktis, Eis und Schnee, Vulkane, goldene Strände, Berge, Täler und Korallenriffe. Die Schnecke sieht die Wellen, die Gischt, den Himmel, Wolken und Blitze. Sie ist fasziniert und begeistert von der Welt und ihren Wundern. Diese Welt lässt sie auch nachdenklich werden und sie bemerkt, dass sie sich in Anbetracht ihrer Größe ganz klein fühlt.

Eines Tages passiert ein Unglück: Der Wal verirrt sich beim Schwimmen, weil er vom Lärm der Motorboote irritiert ist und die Orientierung verliert. Er schwimmt zu nah an die Küste und strandet.

Nun ist die Schnecke gefragt, dem Wal dabei zu helfen, zurück ins Wasser zu kommen. Sie macht sich auf den Weg in eine Schule, um Hilfe zu holen, und schreibt dort eine Nachricht an die Tafel: »Rettet den Wal«. (S. 23)

Die Kinder rennen zur Feuerwehr. Viele Menschen eilen zum Strand, um den Wal zu wässern und zu kühlen (S. 25), bis die Flut einsetzt, die den Wal zurück ins Meer trägt und vor dem Tod rettet (S. 26). Der Wal und die Schnecke schwimmen davon.

Irgendwann kommen sie wieder am Heimathafen der Schnecke an (S. 28). Als sie den anderen Schnecken von ihren Abenteuern erzählen, beschließen auch diese, die Welt zu erkunden. Sie springen – wie zuvor die kleine Schnecke – auf die Schwanzflosse des Buckelwals und beginnen ihre Abenteuerreise (S. 29).

In dieser kleinen Mutgeschichte wird eine kleine Schnecke zur Heldin einer nachdenklich stimmenden Erzählung über Reiselust, Abenteuer und Selbstvertrauen. Sie erinnert an eine Fabel und thematisiert gleichzeitig ganz aktuelle Themen wie Freundschaft, Zusammenhalt und Tierschutz, insbesondere die Rettung der Wale. Realitätsbezug und Fiktion werden hier vermischt und machen das Buch zu einem Leseerlebnis.

b.2 Bilderbuchanalyse

Der Text

Das Bilderbuch »Die Schnecke und der Buckelwal« beginnt mit einer kurzen Einleitung, in der erzählt wird, dass die Schnecke so gern die Welt entdecken möchte und eine Mitreisemöglichkeit sucht. Nach dieser Einleitung beginnt die eigentliche Erzählung.

Der auktoriale Erzähler erzählt linear in einem zeitlichen Nacheinander vom Abenteuer der beiden Protagonisten und ihrer Reise in die Welt. Es gibt nur eine einzige Handlung und keine Nebenhandlungen. Erzählt wird im Präsens.

Die Geschichte weist fabelhafte Züge auf. Alle Hauptakteure sind Tiere, die charakteristische menschliche Eigenschaften haben. Sie sind so konzipiert, dass sie im Rahmen ihres Lebensraumes denken, sprechen und handeln können. Sie können über eine Situation reflektieren und verfügen über eine Erkenntnisfähigkeit, die es ihnen ermöglicht, menschlich zu handeln.

Auch in ihrer Struktur folgt die Erzählung dem klassischen Aufbau einer Fabel. Es gibt eine Ausgangssituation (die Schnecke möchte verreisen und die Welt entdecken), es entsteht eine »Konfliktsituation« (der Wal strandet und muss gerettet werden) und am Ende wird diese Situation aufgelöst (der Wal wird gerettet).

Der gesamte Text ist in 53 jambischen Paarreimen verfasst. Dies spricht vor allem junge Leser:innen und Zuhörer:innen an, die ganz automatisch den Reim in der zweiten Zeile antizipieren.

Die Erzählung ist mit wiederholenden Satzmustern insgesamt einfach gehalten. Die Sätze sind kurz, ohne Einschübe von langen Nebensätzen, und parataktisch. Für Kinder ab vier Jahren ist sie deshalb gut verständlich.

Das Bilderbuch arbeitet mit mehreren Spannungsbögen: Der wichtigste ist, wie und ob die Schnecke es schafft, den Wal zurück ins Wasser zu bringen. Der eine Spannungshöhepunkt scheint dabei im Stranden des Wales zu liegen (S. 19–21). Der andere liegt bei der Rettung des Wales und dem Einsatz der Helfer (S. 23–26). Kleinere Spannungsbögen entstehen beim Umblättern der Seiten und der Neugier, wohin die Reise der beiden Tiere führt.

Man findet viele Begriffe aus dem Wortfeld Natur und Wetter: Korallenriff, Wellen, Wogen, Sonne, Wind usw., aber auch abstrakte Begriffe aus weltanschaulichen Kontexten: die Weite, Ruhe und Frieden usw.

Die Illustrationen

Axel Schefflers Illustrationen sind farbenfroh, kontrastreich und mit gut sichtbaren Konturen gezeichnet. Die Zeichnungen sind überwiegend in Primärfarben – Blau-, Grün- und Rottönen – gehalten. Wie die Sprache wirken auch die Bilder rhythmisierend. Großflächige Bilder über eine Doppelseite hinweg wechseln sich ab mit kurzen, comicartigen Bildfolgen (S. 2, 4, 22–24).

Der Wal und die Schnecke stehen im Mittelpunkt der Erzählung und sind deshalb auf jeder Seite dargestellt. Alle Tierfiguren sind schematisch gezeichnet und haben freundliche Gesichter.

Geruhsame Szenen, in denen die Freunde zum Beispiel die Korallenriffe durchstreifen, wechseln sich mit bedrohlicheren ab, in denen sie von hohen Wellen umgeben sind, während am Himmel Blitze zucken. Diese eher beklemmende Atmosphäre stellt Axel Scheffler mit düsteren Farben und einem wilderen Pinselduktus dar, wogegen er ansonsten auf kräftige, freundliche Farben zurückgreift.

Die Bilder sind mit zahlreichen Details versehen, so sind zum Beispiel im Hafen auf dem Schiff »St. Mungo« Rostflecken zu sehen, die Abfälle am Strand präzise dargestellt und die Unterwasserwelt zeigt sich in ihrer ganzen Vielfalt der Flora und Fauna. Und so ergänzen sich Text und Bilder und nehmen die kleinen Zuhörer:innen und großen (Vor-)Leser:innen mit auf eine Reise durch die Weiten des Meeres.

Bild-Text-Zusammenhang

Alle Illustrationen veranschaulichen die Handlung und unterstützen den Inhalt des Textes. Das Bild bringt den Text auf den Punkt, wie z. B. auf S. 8 oder 12. Bild und Text stehen insofern gleichwertig nebeneinander. An manchen Stellen gehen die Illustrationen auch über den Text hinaus und ergänzen ihn (S. 23). Die Kinder könnten die Geschichte auch allein durch die Bilder und ohne Text erschließen.

DEUTUNGSPERSPEKTIVEN

b.3

Das Bilderbuch ist mitunter philosophisch angelegt, sodass es zum Nachdenken anregt und elementare Themen wie Freundschaft und Umweltschutz aufwirft. Insofern kann es in der Grundschule, aber auch bei älteren Schüler:innen eingesetzt werden, da es sich auf unterschiedlichen Ebenen lesen und verstehen lässt.

Der Handlungsstrang der Erzählung ist für kindliche Rezipient:innen leicht nachzuvollziehen: Die Situation, dass Kinder gemeinsam mit anderen Kindern etwas erleben und entdecken wollen, ist bekannt. Hier ist es eine kleine Schnecke, die mehr von der Welt sehen möchte als nur den Felsen, auf dem sie mit vielen anderen Schnecken lebt.

Ebenso leicht für Kinder nachzuvollziehen ist, dass Freunde in Situationen geraten können, in denen sie auf Hilfe angewiesen sind und Unterstützung benötigen. In der Geschichte ist es eine Selbstverständlichkeit, dass die Schnecke den Wal unterstützt und sie einander helfen. Der Wal hilft der Schnecke, die Welt zu entdecken, und die Schnecke rettet dem Wal das Leben, als dieser strandet.

Freundschaft und Zusammenhalt untereinander werden in der Geschichte ein wichtiges Thema und als Wertehaltung nach außen getragen. Zusammen scheinen unmögliche Dinge plötzlich lösbar.

Ein weiteres Motiv des Buchs ist die existenzielle Frage nach der Bedeutung des Einzelnen in der Welt. Je mehr die Schnecke von der Welt sieht, umso kleiner und unbedeutender fühlt sie sich: »[…] sie starrt in die Welt der Wunder hinein und sagt zu dem Wal: ›Ich fühl mich so klein!‹« (S. 17) Die Schnecke lernt das Gefühl der Verlorenheit in der Welt kennen und muss lernen, damit umzugehen.

Mit den Fragen »Warum, wieso, wie, woher, wo, wann?« fragen Kinder nach den Hintergründen »ihrer Welt«. Diese Phase in der Entwicklung eines Kindes wird mit der Geschichte abgebildet, nämlich die Suche nach der Stellung des Individuums in der Welt und die Frage nach den wesentlichen Dingen unseres Lebens. Das Bilderbuch bietet deshalb eine ideale Grundlage, um Kindern größere Zusammenhänge zu erklären. So können philosophische Gedanken aufgeworfen werden wie: Die Welt sieht nicht überall gleich aus. / Verschiedenartige Wesen können Freundschaft schließen. / Der Mensch übt Einfluss auf die Tiere aus. / Lass dich nicht zu sehr von anderen beeinflussen. / Geh deinen eigenen Weg. / usw.

Ein weiteres Thema ist, dass selbst die Kleinsten Großes vollbringen können. So rettet die Schnecke den riesigen Wal, als dieser in Lebensgefahr gerät. Das Buch erzählt eine Mutgeschichte, die dazu anregt, über sich hinauszuwachsen.

Das Bilderbuch zeichnet sich durch seine Mischung aus Fiktion und Realität aus. Die Kinder wissen, dass Schnecken nicht schreiben können und die Reise so nicht stattfinden kann, doch die Lebenswelten, die die Schnecke und der Wal entdecken, entsprechen den realen natürlichen Gegebenheiten. So werden Pinguine und Seelöwen auf Eisschollen gezeigt, genauso teilen sich der Braunbär und der Weißkopfseeadler eine Lebenswelt. Dieser authentische Bezug zur Wirklichkeit zeigt sich auch im Höhepunkt der Geschichte: beim Stranden des Wals, der durch die Motorengeräusche seinen Orientierungssinn verliert. Diese reale Gefahr für Buckelwale macht auf das Thema »Umweltschutz« aufmerksam und ist damit ein wichtiges Motiv der Erzählung. Die großartige Welt voller Wunder ist auch in Gefahr.

Trotz der nachdenklich stimmenden Themen transportiert die Geschichte eine gewisse Komik und einen Witz. Sie ist losgelöst von Klischees, denn wie wahrscheinlich ist es schon, dass eine Schnecke einen großen Wal um die Welt begleitet? So steht in Axel Schefflers und Julia Donaldsons Bilderbuch bei der Kernaussage nicht primär die belehrende Moral im Mittelpunkt, sondern vielmehr die aus dem Geschehen heraus entwickelte Selbsterkenntnis der Schnecke, nämlich dass die Entdeckung der Welt Freude bereitet und dass Freundschaften und Zusammenhalt etwas ganz Wunderbares sind, das es zu erleben gilt. Diese gewonnene Erkenntnis können die Kinder auf ihre Lebenssituation übertragen und reflektieren.

d Didaktische Überlegungen

d.1 DIDAKTISCHES PROFIL DES BILDERBUCHS

Axel Schefflers und Julia Donaldsons Bilderbuch bietet den Kindern viele Anknüpfungspunkte an ihre Lebenswirklichkeit. Didaktisches Potenzial liegt in der Verknüpfung von vertrauten, assimilativen und eher neuen, akkommodativen Aspekten.* Die vertraute Dimension des Textes, wie etwa die kindgerechte Erzählweise und die Thematik, ermöglicht, dass die Kinder von sich aus einen Zugang zum Buch finden können und dass Anknüpfungsmöglichkeiten für eine eigene Deutung vorhanden sind (Assimilation). Dieser Aspekt bezieht sich auf das lesefördernde Potenzial. Neue, zusätzliche Anforderungen, die das Buch an ein Verstehen der Kinder stellt, betreffen eher den Bereich des literarischen bzw. kunsttheoretischen Lernens. Als Ganzschrift ist das Buch durch die Textmenge und das Anspruchsniveau, je nach Leistungsniveau einer Klasse, für die Klassenstufen 1 und 2, aber auch für Klasse 3 angemessen.

Im Überblick lässt sich das didaktische Profil folgendermaßen skizzieren:

Dimension des Textes	Das Vertraute: Möglichkeit zur Assimilation (Leseförderung)	Das Neue: Notwendigkeit zur Akkommodation (literarisches Lernen)
Wirklichkeitsbezug	▶ Fantastische Elemente ▶ Textgattung: Tiergeschichte	▶ Irritierende Elemente: Tiere sprechen und sind Teil der Handlung
Thematik	▶ Freundschaft und Zusammenhalt ▶ Die Welt entdecken ▶ Eine Reise machen ▶ Umweltschutz / Tierschutz	▶ Kompromisse schließen ▶ Konfliktlösungen suchen und finden ▶ Eigene Wege gehen ▶ Abgrenzung gegenüber der Meinung anderer
Figuren	▶ Identifikation mit der Hauptfigur ▶ Sympathie und Antipathie für die Tiere	▶ Tugendhaftes Verhalten der Tiere
Sprache/Stil	▶ Paarreim ▶ Einfacher Satzbau ▶ Dialoge	▶ Poetische Sprache (z.B. erpicht sein, tosen, ohrenbetäubend) ▶ Aphorismen und Metaphern (von Weiten, die voller Wunder sind / in die Welt der Wunder hinein / Feuerberge)
Bildebene/ Layout	▶ Einfachheit der Bilder ▶ Klarheit und farbliche Gestaltung der Figuren	▶ Kontrastreiche Darstellung ▶ Mimik und Gestik der Figuren ▶ Details der Bilder
Literarische Formelemente/ Erzählkonzept	▶ Auktorialer Erzähler ▶ Lineares Erzählen ▶ Episodische Struktur ▶ Positiver Schluss	▶ Farbelemente ▶ Spannungsbogen

* Vgl. Rank, Bernhard (2005): Leseförderung und literarisches Lernen. In: Lernchancen, 8. Jg., Heft 44, S. 4–9.

METHODENKISTE DEUTSCHUNTERRICHT

d.2

Der Einsatz von Bilderbüchern im Grundschulunterricht knüpft im günstigsten Fall an die Vorerfahrungen der Kinder mit Bilderbüchern im Kindergarten und in der Familie an und führt diese differenziert weiter. Bilderbücher können in nahezu allen Arbeitsbereichen des Grundschulunterrichts eingesetzt werden. Dabei eignen sie sich besonders zum Einsatz in fächerübergreifenden Kontexten.

Im Folgenden sind Vorschläge für mögliche Arbeitsweisen mit »Die Schnecke und der Buckelwal« im Deutschunterricht aufgeführt. Im Vordergrund steht dabei die Verknüpfung mit anzustrebenden Kompetenzen, wie sie in den von der Kultusministerkonferenz (KMK) verabschiedeten »Bildungsstandards für das Fach Deutsch für den Primarbereich« dargestellt sind, die die verbindliche Grundlage für alle in den Ländern zu entwickelnden Lehr- und Bildungspläne in der Grundschule darstellen.

In der rechten Spalte geben wir jeweils mögliche Beispiele für eine konkrete Umsetzung im Unterricht. Hier finden sich auch Verweise zu den Kopiervorlagen und Infoblättern in diesem Heft. Zahlreiche methodische Möglichkeiten sprechen mehrere Bildungsstandards an. Wir haben uns zum Zwecke der Übersichtlichkeit jeweils für einen Bildungsstandard des Bereiches 3.3 (»Lesen – mit Texten und Medien umgehen«) entschieden. Häufig lassen sich auch sinnvolle Bezüge zu den Bildungsstandards der anderen Bereiche herstellen.

Bildungsstandards	Methoden	Beispiele
→ Über Lesefähigkeit verfügen		
• Lebendige Vorstellungen beim Lesen und Hören literarischer Texte entwickeln	• Das Buch sinngestaltend vorlesen	• Nur den Text vorlesen und Bilder zum Inhalt malen lassen; im Anschluss mit dem Original vergleichen
• Texte sinnverstehend und flüssig lesen	• Im Anschluss an das Lesen den Inhalt mit eigenen Worten nacherzählen	• Im Gesprächskreis das Buch anhand von Bildern nacherzählen lassen
	• Texte leise für sich lesen	• Abschnitte allein oder im Lesetandem erlesen lassen
• Selbstgewählte Texte zum Vorlesen vorbereiten und sinngestaltend vorlesen	• Textabschnitte/Textstellen vorlesen	• Die Lieblingsstelle • Die Stelle, die man nicht verstanden hat • Die Stelle, die man am wenigsten gut findet
→ Über Leseerfahrung verfügen		
• Kinderliteratur kennen: Werke, Autoren und Autorinnen, Figuren, Handlungen	• Fachbegriffe einführen und anwenden, z. B. Titel, Autorin/Autor, Illustratorin/Illustrator, Verlag, Cover, Zeile, Seite, Text	• Fachbegriffe anhand des Buchs besprechen und anwenden
	• Weitere Bücher von Axel Scheffler und Julia Donaldson kennenlernen	• Z. B.: »Grüffelo«, »Für Hund und Katz ist auch noch Platz«, »Tommi Tatze«, »Stockmann«, »Superwurm«
	• Vergleichendes Lesen	• Andere Fabeln, Tiergeschichten und Sachbücher kennenlernen, Kennzeichen und Unterschiede erarbeiten
	• Biografien von Axel Scheffler und Julia Donaldson kennenlernen	• Im Internet über die Autorin und den Illustrator recherchieren, Interviews lesen → i.1, i.2
→ Texte erschließen		
• Verfahren zur ersten Orientierung über einen Text nutzen	• Titel, Titelbild und Umschlagtext untersuchen • Textantizipationen äußern	• Titelbild ansehen und Vermutungen zum Titel äußern • Titelbild betrachten und beschreiben → k.8 • Zum Titel und Titelbild eigene Geschichten schreiben (anschließend Vergleich mit tatsächlichem Handlungsverlauf)
	• Das Bilderbuch lesen	• Erste Leseeindrücke sammeln, literarisches Unterrichtsgespräch anschließen

Bildungsstandards	Methoden	Beispiele
• Verfahren zur ersten Orientierung über einen Text nutzen (Forts.)	• Bilder des Buchs herausgreifen und beschreiben	• Seite 2, 3, 20, 21, 23, 28, 29 → **k.8**
	• Erzählerrede und Figurenrede identifizieren	• Mit verschiedenen Farben markieren
• Gezielt einzelne Informationen suchen	• Fragen zum Text beantworten	• Quiz lösen, Suchsel → **k.1**
	• Den Textinhalt rekonstruieren	• Einen Lückentext ergänzen → **k.2** • Satzstreifen ordnen • Bildkarten ordnen
	• Figuren herausarbeiten	• Charakterzüge der Tiere sowie Eigenschaften und Merkmale der einzelnen Figuren beschreiben
	• Gedanken und Gefühle der Hauptfiguren herausarbeiten	• Mimik und Gestik der Figuren untersuchen und vergleichen • Gefühle der Figuren untersuchen → **k.3**
• Texte genau lesen	• Veränderten Text vorgeben und mit dem Original vergleichen	• Textstellen überprüfen → **k.2, k.5**
	• Unbekannte Wörter suchen, Bedeutung finden und erläutern	• Bedeutung von Wörtern klären, z. B. mithilfe des Internets oder eines Wörterbuchs
	• Textabschnitte mündlich zusammenfassen und wiedergeben	• Bei relevanten Stellen der Lektüre, um das Verständnis zu sichern
• Texte mit eigenen Worten wiedergeben	• Den Inhalt des Buchs mit eigenen Worten wiedergeben	• Nacherzählen nach Bildern, mithilfe von Moderationskarten, Stichwörtern oder Sätzen
	• Das Buch in Abschnitte gliedern	• Mögliche Gliederung: erster Teil: S. 2–5, zweiter Teil: S. 6–16, letzter Teil: S. 17–31
	• Überschriften zu den Abschnitten finden	• Mögliche Überschriften sammeln
• Aussagen mit Textstellen belegen	• Aussagen zu einer Fragestellung suchen und Fundstellen angeben	• Ein Kind beschreibt eine Figur oder eine Szene und die anderen müssen sie finden und erraten
• Eigene Gedanken zu Texten entwickeln	• Den/dem Text ohne Bilder vorlesen/begegnen	• Die Geschichte ohne Bilder vorlesen • Sich eigene Bilder zum Text ausdenken und zeichnen
	• Leerstellen des Textes ausfüllen	• Was erleben die anderen Schnecken auf ihrer Reise? • Warum möchte die Schnecke überhaupt verreisen und die Welt entdecken? Wie kommt es dazu?
	• Einen Brief an eine der Figuren verfassen, um eine Meinung zum Ausdruck zu bringen	• Brief aus Sicht der anderen Schnecken an die Protagonistin schreiben • Brief der Helfer:innen an den Wal schreiben
	• Titelbild als Schreibanlass nutzen	• Verfassen einer eigenen Geschichte → **k.7**
	• Ein thematisches Gespräch zum Buch führen	• Was bedeutet für mich Freundschaft? • Warum sind Freunde wichtig? • Was muss man tun, um eine Freundschaft aufrechtzuerhalten? • Was können gute Freunde miteinander unternehmen? • Was kann ich tun, um Tiere zu schützen? • Wie kann ich mich für den Naturschutz engagieren? • Was bedeutet es, eine Reise zu machen? • Wohin kann man überall reisen? • Wohin würdest du gerne einmal reisen? • Wie bereitet man sich auf eine Reise vor? (Ziel wählen, informieren, Tasche packen)
	• Erweiterung des Buchinhaltes durch einen veränderten Schluss	• Die Schnecke schafft es nicht, den Wal zu retten

»Die Schnecke und der Buckelwal« im Unterricht © Beltz Verlag · Weinheim

Bildungsstandards	Methoden	Beispiele
• Bei der Beschäftigung mit literarischen Texten Sensibilität und Verständnis für Gedanken und Gefühle sowie zwischenmenschliche Beziehungen zeigen	• Handlungen, Verhaltensweisen und Verhaltensmotive der Figuren bewerten	• Warum möchte die Schnecke verreisen? • Warum fühlt sie sich klein in der großen Welt?
• Handelnd mit Texten umgehen, z. B. illustrieren, inszenieren, umgestalten, collagieren	• Eine Textstelle im Rollenspiel darstellen	• Ganzes Buch oder einzelne Abschnitte
	• Ein Bild oder eine Szene malen oder nachmalen	• Ein Bild zur Reise der anderen Schnecken malen • Arbeitsteilig: Jedes Kind übernimmt eine Szene
	• Die Geschichte umschreiben	• Alternative Fortsetzung ab S. 23: Der Wal stirbt ... Was passiert dann mit der Schnecke?
	• Standbilder prägender Szenen darstellen und erraten lassen	• S. 16/17, 30/31
	• Kreative Schreibideen anbieten	• Akrostichon zum Thema »Freundschaft« oder »Tierschutz« schreiben → **k.6** • Elfchen/Haiku zu den Themen »Freundschaft«, »Naturschutz«, »Tierschutz«, »Reise« verfassen • Lesetagebuch schreiben → **k.2**
	• Die Geschichte aus einer anderen Perspektive erzählen	• Ein Feuerwehrmann, ein Schulkind, die Lehrerin oder die anderen Tiere erzählen
	• Das Buch als Stabpuppentheater gestalten	• Mithilfe von Stabpuppen die Geschichte nachspielen
	• Ein Parallel-Buch erstellen	• Aus dem gleichen Text ein eigenes Bilderbuch mit eigenen Bildern erstellen • Mit einem anderen Text ein ähnliches Buch erstellen
→ Texte präsentieren		
• Selbstgewählte Texte zum Vorlesen vorbereiten und sinngestaltend vorlesen	• Eine Lieblingstextstelle auswählen und begründen	• Diese Textstelle gefällt mir besonders gut, weil ... → **k.6** • Diese Textstelle finde ich besonders traurig, weil ... → **k.6**
	• Gestaltenden Lesevortrag vorbereiten und üben	• Die Geschichte als Theaterstück aufführen
	• Die Geschichte als Theaterstück aufführen	• Mit Standbildern beginnen • Einzelne Szenen auswählen → **k.5** • Aufführung als Abschluss der Unterrichtseinheit bzw. des Projekts
• Die eigene Leseerfahrung einschätzen und beschreiben	• Die eigenen Lesefähigkeiten sichtbar machen	• Leseportfolio anlegen • Reflexionsbogen nutzen • Eine Lesekiste mit Büchern von Julia Donaldson und Axel Scheffler erstellen

d.3 Vorschläge für eine »Die Schnecke und der Buckelwal«-Unterrichtseinheit in der Grundschule

Einführung

Bilder
Zum Einstieg in die Arbeit mit dem Bilderbuch kann das Titelbild oder eine andere Illustration aus dem Buch in die Mitte des Stuhlkreises gelegt werden. Die Kinder äußern sich spontan dazu und antizipieren den möglichen Verlauf der Handlung. Je nach Lesefähigkeit der Schüler:innen kann der gesamte Text anschließend vorgelesen oder das Buch gemeinsam erlesen werden. Hierfür wäre es wünschenswert, mehrere Exemplare des Buchs zur Verfügung zu haben.

Rundum-Vorlesen
Schüleraktiv und ansprechend ist es auch, den Text gemäß der Schüleranzahl in kleine Abschnitte zu zerschneiden und diese fortlaufend zu nummerieren. Nun wird die Geschichte von Anfang bis Ende gemeinsam gelesen und jedes Kind trägt dazu bei.

Hauptfiguren und Gegenstände
Um die Kinder auf die Geschichte einzustimmen, könnte man auch die Hauptfiguren der Geschichte als Kuscheltiere oder als Farbkopien in die Kreismitte legen. Es wäre ebenfalls denkbar, Gegenstände wie eine Landkarte, eine Tafel oder ein Motorboot in die Mitte zu legen und die Kinder frei assoziieren zu lassen.

Gespräch zum Thema führen
Zur Einstimmung könnte man gemeinsam mit den Kindern über das Thema »Eine Reise machen« sprechen. Impulsfragen könnten sein:

- Was bedeutet es, eine Reise zu machen?
- Womit kann man reisen?
- Wohin kann man überall reisen?
- Wohin würdest du gerne einmal reisen?
- Wie bereitet man sich auf eine Reise vor?

Zur Vertiefung könnte das Arbeitsblatt **k.1** bearbeitet werden.

Spiel »Ich mache eine Reise und sehe …«
Man könnte in Anlehnung an das Spiel »Ich packe meinen Koffer …« auch ein Spiel »Ich mache eine Reise und sehe …« spielen. Das Spiel unterstützt die Konzentrationsfähigkeit, das Zuhören und die Merkfähigkeit der Kinder. Es kann eine reale Reise sein oder eine Fantasiereise, z. B. eine Reise auf einen anderen Planeten. Das Spiel funktioniert so: Das erste Kind sagt: »Ich mache eine Reise und sehe einen Berg.« Das zweite Kind ergänzt den Satz des ersten Kindes: »Ich mache eine Reise und sehe einen Berg und einen See.« Die Reihe wird immer um einen weiteren Begriff oder Ort ergänzt.

Rezeption des Buchs

Die richtige Reihenfolge finden
Die prägnantesten Bilder werden kopiert und von den Kindern in die richtige Reihenfolge gelegt. Hierfür eignen sich besonders gut die Seiten 3, 6, 12, 13, 16/17, 20/21, 22, 26. Zur Vertiefung können die Illustrationen des Buchs mithilfe des Arbeitsblattes **k.8** genauer betrachtet werden.

Lapbook

Eine attraktive Alternative zum herkömmlichen Lesetagebuch ist die Erstellung eines Lapbooks. Ein Lapbook ist eine kleine oder größere Mappe, die sich mehrfach aufklappen lässt und in die kleine Faltbüchlein (Leporellos, Stufenbücher, Kreisbücher usw.), Taschen, Klappkarten, Pop-ups, Umschläge mit Kärtchen usw. eingeklebt werden und das so immer wieder neue Überraschungen bietet. Es ist eine hochmotivierende Präsentationsform für individuelle Lernergebnisse, die anhand von Lernangeboten gesammelt werden.

Zur weiteren Arbeit mit dem Buch gibt es zahlreiche Möglichkeiten (vgl. »Methodenkiste«).

Auf den Kopiervorlagen werden folgende Symbole zur Verdeutlichung der jeweiligen Aufgabenstellung verwendet:

lesen	malen
suchen	ausschneiden
schreiben	erzählen

Profiaufgaben sind mit einem Stern * markiert.

»Die Schnecke und der Buckelwal« im Unterricht © Beltz Verlag · Weinheim

Die Kopiervorlagen (**k.1** bis **k.10**) bieten eine Auswahl an Aufgaben zur Vertiefung auf verschiedenen Ebenen und Schwierigkeitsstufen. Die Angaben der Klassenstufen auf den Kopiervorlagen dienen als Orientierung. Die Aufgaben können entweder im Klassenverband gemeinsam bearbeitet oder im Rahmen einer Lerntheke angeboten werden. Die Kinder legen dann selbst die Reihenfolge fest, in der sie die Aufgaben bearbeiten wollen, und tragen in einen Arbeitsplan oder in einen Laufzettel ein, welche Aufgaben sie erledigt haben. Sie können ihre Arbeitsblätter in einer Mappe mit selbstgestaltetem Titelbild sammeln.

Die Unterrichtsstunden im Klassenverband können so gegliedert werden, dass jeder freien Arbeitsphase eine Einstimmungsphase vorangestellt wird und auf jede Arbeitsphase eine Abschlussrunde im Sitzkreis folgt. In der Abschlussrunde können Arbeitsergebnisse präsentiert und Angebote besprochen werden.

Mit der Arbeit mit dem Bilderbuch können verschiedene Themenbereiche verknüpft werden:

- Ebbe und Flut
- Tierschutz/Artenschutz (→ **k.4** und **k.5**)
- Natur- und Klimaschutz
- Das Leben der Schnecke und des Wals
- Freundschaft und Zusammenhalt (→ **k.6**)
- Reisen (→ **k.1**)
- Abenteuer
- Der Mensch als Teil der Welt
- Die Erde und ihre Kontinente

d.4 IDEEN FÜR DEN ANFANGSUNTERRICHT

Zur gemeinsamen Betrachtung des Bilderbuchs bietet es sich an, die Geschichte mit einer Kleingruppe im Sitzkreis zu lesen oder das Bilderbuch über einen Bildschirm der Klasse zu präsentieren.

Impulse und Pausen setzen

Die Erschließung des Textinhaltes kann auch zunächst über die Betrachtung der Bilder erfolgen. Die Kinder können dann frei assoziieren, was hier wohl für eine Geschichte erzählt wird. Mehr noch als Fragen geben Impulse den Kindern Möglichkeiten zur freien Äußerung, da sie sehr unspezifisch sind und ihnen wegen der fehlenden direkten Anrede noch mehr Freiraum lassen. Solche Impulse können sein:

- einfache Bemerkungen zum Bild (z.B.: »Dort sitzen ganz viele Schnecken auf dem Felsen.«) oder
- «spontane« Gefühlsäußerungen, Ausrufe oder Aufforderungen (z.B.: »Oh je!«, »Guckt mal!«, »Toll!«).

Man kann auch Pausen setzen und an bestimmten Stellen gemeinsam überlegen:

- Wie geht es weiter?
- Wo und in welchem Land, auf welchem Kontinent sind die Schnecke und der Wal wohl gerade?
- Warum hilft die Schnecke dem Wal?
- Warum ist die Reise um die Welt so aufregend für die Schnecke / für den Wal?
- Wie mag sich die kleine Schnecke wohl bei Gewitter und klatschnass gefühlt haben?
- Wie ist es wohl, einen Vulkanausbruch zu sehen oder am Strand in der Sonne zu liegen?

Und so kann's weitergehen

Nachspielen und Standbilder

Mit einigen Requisiten (z.B. selbstgebastelten Tiermasken oder Stabpuppen) können die Kinder Teile der Geschichte nachspielen. Besonders eignen sich die Szenen, in denen die Tiere miteinander in den Dialog treten. Beim wiederholten Spiel können manche Kinder die Dialoge sicher bald auswendig. Sie können auch Dialoge improvisieren und weiterspinnen. Einfache Standbilder bieten sich ebenfalls an.

Bilddetektive

Eine Aufgabe, die sowohl ein Erinnern an den Inhalt des Gehörten erfordert als auch ein Wiederfinden einzelner Handlungsereignisse auf den verschiedenen Bildseiten notwendig macht, bestünde darin, Quizfragen zum Buch oder zu Details in den Illustrationen zu stellen, z.B.:

- Ist dir aufgefallen, was auf dem Schiff stand?
- Weißt du, wie viele Papageien auf dem Baum saßen?
- Wie viele Schnecken steigen am Schluss auf die Flosse des Wals?

Sprachförderung: Begriffsklärungen

Schwierige Begriffe aus dem Bilderbuch könnten mit den Kindern besprochen werden, z.B.:

- »Sehnsucht« – was ist das? Kann das mal jemand vormachen oder beschreiben? Wann ist man sehnsüchtig?
- »Erpicht sein« – was bedeutet das? Findest du andere Wörter dafür?

Viele Begriffe des Buchs können von den Kindern vor allem auch pantomimisch umgesetzt werden. Es würden sich sowohl die Tiere als Akteure als auch die Verben, Nomen und Adjektive im Text selbst eignen.

Phonologische Bewusstheit unterstützen

Durch die sich wiederholenden Textteile der Geschichte werden Kinder schnell befähigt, den Text »mitzusprechen«. Beim Vorlesen könnte man die Endreime auslassen und diese von den Kindern ergänzen lassen. Haben sie damit noch Schwierigkeiten, können Sie auch die erste Silbe des jeweiligen Wortes bzw. den ersten Laut verraten.

In der »Methodenkiste« finden Sie zahlreiche weitere Aktivitäten rund um das Bilderbuch. Es ist gut möglich, mit den Kindern, die noch nicht lesen und schreiben können, die Aufgaben auf den Kopiervorlagen mündlich zu bearbeiten.

»Die Schnecke und der Buckelwal« im Unterricht © Beltz Verlag · Weinheim

WAS WEISST DU SCHON ÜBER WALE?

d.5

In der Geschichte wird der Tierschutz, insbesondere der Schutz der Wale, thematisiert. Schon seit Urzeiten gibt es in vielen Völkern der Erde Märchen und Sagen über Wale. Überall dort, wo Fischer auf die Riesen der Meere stießen, wurden sie Gegenstand ihrer Erzählungen. Sie regten die Fantasie der Menschen an und faszinierten sie. Gleichzeitig aber fürchtete man diese geheimnisvollen Wesen.

Bezug zum Bilderbuch schaffen

Als Wiederholung und Anschluss an die Geschichte kann die Grafik auf Seite 5 »Schneckenschrift-Schnur« gezeigt werden (Wer nimmt mich mit um die Welt?). Die Kinder erinnern sich, was die Schnecke hier geschrieben hat. Wer hat sie dann auf die große Reise mitgenommen? Der Buckelwal, denn Buckelwale reisen um die Welt. Folgende Leitfragen könnten einen Bezug zur Welt der Kinder schaffen und ein Gespräch begleiten:

- Kennst du verschiedene Walarten?
- Wo leben Wale?
- Wie leben Wale?
- Was fressen Wale?
- Was haben Wale und Schnecken gemeinsam?

Ein Buckelwal reist um die Welt

Um in das Thema einzuführen, könnte man eine kleine »Schatzkiste« zum Buckelwal vorbereiten. Sie wird gemeinsam ausgepackt und die Inhalte werden besprochen. Die Kiste enthält zum Beispiel:

- Fotos vom Buckelwal
- ein Seil, ca. 18 m lang: Die Größe des Wales kann mit dem Seil ausgelegt werden. Die Kinder legen sich daneben. Es können Vergleiche angestellt werden, z. B. der Wal ist so groß wie x Kinder ...
- CD mit Buckelwalgesängen: Wale singen unter Wasser! Das hört sich an wie ...
- Kamm: Wo am Wal gibt es etwas, das an einen Kamm erinnert? Wofür ist das wohl gut?
- Weltkarte oder Globus: Die Buckelwale sind auf Reisen durch die Meere. Wo ist Wasser auf unserer Erde? Können sie auch über Land reisen?
- Buckelwal als Stofftier: Dieser Wal bleibt jetzt eine Weile bei uns in der Klasse. Wie soll er heißen?

Wer frisst wen im Meer? Ein Spiel

Anschließend an die Frage, was Wale fressen, könnte man mit den Kindern besprechen, wer wen im Meer frisst. Das Spiel sollte draußen oder in einer Turnhalle gespielt werden. Bestimmen sie unter den Kindern 1 Buckelwal, 5 Krebse und 15 Algen (bei 21 Kindern in der Klasse). Dieses Zahlenverhältnis sollte ungefähr eingehalten werden. Anschließend sollte mit den Kindern gemeinsam festgelegt werden, wie sich diese Tiere bewegen (Algen flattern umher, Krebse gehen im Krebsgang, Wale schwimmen mit der Schwanzflosse hoch und runter usw.). Dabei beachten: Wer schwimmt schneller? Wal oder Krebs, Krebs oder Alge? Wer frisst denn hier wen? Ein Buckelwal frisst kleine Fische oder Kleinkrebse. Kleinkrebse ernähren sich von im Wasser schwebenden Algen / Pflanzen. Die Algen verteilen sich im Raum. Die Krebse fangen die Algen z. B. im Krebsgang und durch Abschlagen, der Buckelwal verschlingt die Krebse mit seinen Armen. Die Bewegungsart und die genaue Spielregel (wie Fangen usw.) muss je nach Klasse und Klassenstufe gemeinsam festgelegt werden.

Wale schützen

Wale und Delfine werden heute durch zahlreiche Gefahren bedroht. Einige Länder wie Norwegen, Japan, Taiwan, Korea und Peru jagen sie zur Bereicherung des Speisezettels und töten auch große Wale. Aber es gibt auch unsichtbare Bedrohungen. Sie heißen: Überfischung, Verlärmung und Verschmutzung der Meere. Projektideen:

- Informationstisch über den Schutz der Wale aufbauen
- Plakate gestalten
- Spendenaktion vorbereiten

Kunst und Basteln

Das Buch bietet zahlreiche Anregungen zur ästhetischen Gestaltung. So können die Kinder Wal-, Schnecken- und Tierbilder, aber auch Freundschaftsbilder gestalten, indem sie

- Tiere der Geschichte kneten,
- Wale mit Faltpapier falten,
- Meeresbilder anfertigen,
- Schnecken kneten oder filzen,
- Schneckenhäuser bemalen,
- eine Schnecke aus einem Pappteller basteln,
- Schnecken mit Ohrenstäbchen tupfen,
- Schnecken mit Wolle legen und kleben,
- Schnecken aus Salzteig oder Ton formen,
- Handabdrücke auf einem Blatt gestalten,
- gemeinsam Linien auf einem Blatt tanzen lassen und Spuren hinterlassen,
- Porträts der Freunde malen oder aus Fotos von ihnen eine Collage anfertigen,
- eine Collage mit Meerestieren erstellen,
- einen riesigen Buckelwal zeichnen und ihn mit Mustern ausschmücken.

Infoblätter

© Beltz & Gelberg

© Thomas Duffé

i.1 ZUR AUTORIN JULIA DONALDSON UND ZUM ILLUSTRATOR AXEL SCHEFFLER

Julia Donaldson, geboren 1948 in London, lebt als freie Schriftstellerin mit ihrer Familie in Sussex. Sie studierte Theaterwissenschaften und Französisch an der University of Bristol und arbeitete danach als Lektorin, Journalistin und Lehrerin. Schon als Kind liebte sie Gedichte und dachte sich eigene Theaterstücke aus.

Jahre später, nach dem Studium, tourte sie dann mit ihrem Mann Malcolm als Straßenmusiker durch Europa. Seitdem schreibt sie eigene Lieder, anfangs vor allem für das Kinderfernsehen.

Ihre Karriere als Autorin begann mit dem Lied »A Squash and a Squeeze«, das sie 1993 auch als Bilderbuch veröffentlichte – mit Bildern des Illustrators Axel Scheffler (dt. »Mein Haus ist zu eng und zu klein«). Seither hat sie zusammen mit Axel Scheffler zahlreiche Bilderbücher veröffentlicht, darunter auch den Bestseller »Der Grüffelo«, der in mehr als 30 Sprachen übersetzt und in England mit dem renommierten Smarties Prize ausgezeichnet wurde.

Axel Scheffler, geboren 1957 in Hamburg, lebt als freischaffender Illustrator in London. Bei Beltz & Gelberg erschienen bereits viele von ihm illustrierte Kinder- und Jugendbücher. Sein Bilderbuch »Der Grüffelo«, das er zusammen mit Julia Donaldson veröffentlicht hat, ist international zu einem Klassiker geworden.

Gemeinsame Werke (Auswahl)

- Mein Haus ist zu eng und zu klein, 1993
- Der Grüffelo, 1999
- Wo ist Mami?, 2001
- Die Schnecke und der Buckelwal, 2003
- Stockmann, 2008
- Tommi Tatze, 2009
- Räuber Ratte, 2011

i.2 INTERVIEW MIT DEM ILLUSTRATOR AXEL SCHEFFLER: »JA, ICH REISE GERN!«

Axel Scheffler über das Reisen, seine Liebe zu Tieren und seine Arbeit als Illustrator

Reisen Sie gerne? Und wenn ja, wohin?

Ja, ich reise gerne! In den Ferien gerne aufs Land oder sonst Städte anschauen – ich gehe z. B. gerne in Kunstmuseen. Ich mache auch Reisen, die mit meiner Arbeit zu tun haben. Beispielsweise war ich in Taipeh auf der Buchmesse, aber da man ja nicht so viele Langstreckenflüge machen soll, werde ich das wohl nicht mehr machen.

Ist Ihnen Tierschutz wichtig? Was möchten Sie Kindern über dieses Thema mitteilen?

Ich liebe Tiere und die Natur und finde es erschreckend, was wir Menschen mit den Tieren anstellen mit unserer Tierhaltung. Auch das rapide Artensterben finde ich entsetzlich. Ich habe es noch nicht ganz aufgegeben, Fleisch zu essen. Kinder und Erwachsene sollten sich dessen bewusst werden, was wir (fast) alle mit unserem Verhalten anrichten, und darüber nachdenken, ob wir etwas anders machen können.

Welche Bilderbücher haben Sie als Kind geprägt? An welche Bücher können Sie sich erinnern?

Ich hatte nicht viele Bilderbücher, erinnere mich aber an »Hirsch Heinrich«, ein Buch, das mein Vater aus Leipzig mitgebracht hatte. Ansonsten liebte ich die Petzi Bücher von Carla und Vilh. Hansen. Ich habe auch gerne Donald-Duck-Comics gelesen.

Sie haben zahlreiche Bilderbücher für Kinder illustriert. Könnten Sie sich vorstellen, auch für Erwachsene zu zeichnen?

Das brauche ich mir nicht vorzustellen, weil ich anfangs sehr viele Artikel für Zeitschriften illustriert habe, die für Erwachsene waren. Manchmal auch ein Buch.

Auf jedem Ihrer Bilder gibt es unzählige Details zu entdecken und zu bestaunen. Die Bilder könnten auch ohne Text bestehen. Könnten Sie sich vorstellen, Bilderbücher zu zeichnen ohne Text?

Es gibt ja dafür schöne Beispiele – aber ich traue mir nicht zu, einen Handlungsverlauf zu konstruieren. Also: Nein, ich kann es mir nicht vorstellen.

Mit welchen Stiften, Farben und mit welcher Technik malen Sie?

Es handelt sich um eine Mischtechnik. Ich verwende schwarze oder braune Tusche, flüssige Ecoline-Wasserfarben und verschiedene Sorten von Buntstiften sowie weiße Gouache.

Die Kinder meiner Klasse wollten wissen, wo und wann Sie zeichnen. Am Computer, in der Küche, am Morgen oder am Abend?

Ich habe mein – sehr unordentliches – Atelier zu Hause unterm Dach. Ich versuche, von 9 bis 6 Uhr zu arbeiten – selten abends ... Aber ich finde immer weniger Zeit zum Zeichnen, weil mehr und mehr Leute etwas von mir wollen. – Das kommt wohl, wenn man ein sehr beliebtes Buch geschaffen hat, und es gehört dazu – z. B. Interviewfragen zu beantworten.

Meine Klasse wollte des Weiteren wissen, was ein Illustrator eigentlich den ganzen Tag macht?

Naja, eigentlich illustrieren ... Das heißt, Bilder zu Texten zeichnen oder malen. Aber: siehe oben. Man muss auch E-Mails beantworten, Interviews geben, Schulbesuche machen, Buch-Festivals besuchen, Signierstunden geben ...

Welches ist Ihr Lieblingsbild im Buch?

Ach, ich habe so viele Bilder gemalt, dass ich nicht ein Lieblingsbild habe. Aber manche gefallen mir natürlich besser als andere. Beim »Grüffelo« ist es, glaube ich, das erste, wo die Maus im Wald spaziert und der Fuchs sieht sie kommen.

Wie gestaltet sich Ihre Zusammenarbeit mit der Autorin Julia Donaldson? Wie funktioniert das, gemeinsam ein Bilderbuch zu gestalten?

Wir arbeiten völlig getrennt. Sie schreibt den Text und schickt ihn an den Verlag, der ihn an mich weiterleitet. Wenn ich ihn illustrieren möchte, fange ich an, die Hauptfiguren zu entwickeln und dann die ganze Geschichte zu skizzieren. Ich rede darüber mit der Lektorin und der Gestalterin des Buchs. Wenn alle zufrieden sind – inklusive der Autorin, dann kann ich loslegen, die Bilder zu machen. Es gibt dabei nie direkten Kontakt zu Julia Donaldson.

An welchen neuen Projekten arbeiten Sie gerade? Auf welche Bücher von Ihnen dürfen wir uns in Kürze freuen?

Ich habe ein neues Pip-und-Posy-Abenteuer in Arbeit und Julia Donaldson hat vier neue Geschichten geschrieben für »The Tales of Acorn Wood« (Papp-Klappbücher).

Vielen Dank, Herr Scheffler!

Interview: Anja Schirmer (September 2019)

„Ich will fort, ich will weg!“

1. Im Suchsel sind 10 Wörter versteckt, die auf den ersten Seiten stehen.

Finde die 10 Wörter und male sie mit einem Buntstift an:
Schnecke, Tier, Meer, Himmel, Reise, Welt, Fels, Herz, Sehnsucht, Spur.

S	C	H	N	E	C	K	E	M	D	E
A	S	P	U	R	V	E	T	I	E	R
N	R	E	I	S	E	V	B	F	E	I
N	F	G	R	D	S	A	M	E	E	R
T	O	K	L	N	V	D	E	L	I	U
K	U	J	Q	S	A	C	X	S	N	M
O	S	E	H	N	S	U	C	H	T	E
H	E	R	Z	Y	N	L	W	E	L	T
H	I	M	M	E	L	U	S	F	D	S

2. Schreibe die gefundenen Wörter auf oder male Bilder dazu:

____

____

* **Profiaufgabe:**

a) Suche die Wörter im Buch und schreibe die Seitenzahlen auf.

b) Schreibe den Satz ab, in dem sie stehen.

3. Die Schnecke hat Fernweh und möchte verreisen. Wohin möchtest du reisen? Male oder schreibe es auf und erzähle es einem Partnerkind.

»Die Schnecke und der Buckelwal« im Unterricht © Beltz Verlag · Weinheim

„Steig auf und fahr mit mir“

1. Was reimt sich?
Male die Wörter, die sich reimen, in der gleichen Farbe an.

Meer	Spur	Tier	vier	Bär
Schiff	grau	Floß	Schnur	Land
Bauch	Sand	See	blau	
groß	Schnee	Riff	Schlauch	

2. Ergänze den Endreim.

Das ist das Meer, so weit und groß,
es trägt die Schneck auf dem Buckelwal- ______________
vorbei an Bergen aus Eis und Schnee,
an schwimmenden Inseln inmitten der ______________,
vorbei auch an einem fernen Land,
mit Feuerbergen und goldenem ______________.

3. Welche Wörter reimen sich nicht? Streiche sie durch.

Schnecke	Not	Wal	Meer	Sonne	Bär
Haus	Maus	Himmel	Fisch	Katze	Tisch
Tier	Pinguin	Stier	Affe	Blitz	Sand
Land	Witz	Welle	Boot	Hecke	Wasser
Wal	Tatze	Schal	Schlauch	Leiter	Bauch
Flut	Blut	Ebbe	Spur	Tonne	Schnur

* **Profiaufgabe:** Der Wal und die Schnecke reisen um die Welt. Schreibe in ein Reisetagebuch, was sie jeden Tag erleben und sehen. Wie könnte es weitergehen?

Liebes Tagebuch,

heute waren wir im tiefen Ozean und haben unzählige Fische gesehen …

»Die Schnecke und der Buckelwal« im Unterricht © Beltz Verlag · Weinheim

„Ich fühl mich so klein“

1. Die Schnecke reist durch das Meer. Das Wasser schäumt, tost, tobt und zischt.
Beschreibe genau, wie die Dinge aussehen. Ordne zu, was passt.

Wasser	schäumen	hell
	bunt	groß
Fische	dunkel	grau
	tosen	zischen
Himmel	klein	blau

2. Die Schnecke **starrt** in die Welt der Wunder **hinein**.
Was bedeutet *hineinstarren*? Kennst du ein anderes Wort für *hineinstarren*?
Schreibe in dein Heft.

3. Finde zwei Dinge, die man anstarren oder in die man hineinstarren kann.
Male sie in dein Heft. Du kannst auch dazu schreiben.

4. Die Schnecke fühlt sich so klein. Hast du dich auch schon einmal klein gefühlt?
Was bedeutet das überhaupt? Überlege und schreibe in dein Heft.

* **Profiaufgabe:** Hier stehen einige andere Wörter für das Wort **hineinstarren**, zum Beispiel **betrachten**.

a) Lies und sprich die Wörter.

b) Schneide die Wörter aus.

c) Klebe sie in dein Heft.

d) Bilde mit jedem Wort einen Satz.

ansehen	anschauen	betrachten
beäugen	anstarren	angucken

»Die Schnecke und der Buckelwal« im Unterricht © Beltz Verlag · Weinheim

„Und da liegt der Wal, gestrandet im Sand“

1. So ein Durcheinander. Nummeriere die Sätze in der richtigen Reihenfolge, dann erhältst du ein Lösungswort.

- S ☐ Doch eines Tages ist es passiert,
- K ☐ Die Ebbe zieht das Wasser vom Land.
- E ☐ Und da liegt der Wal, gestrandet im Sand.
- C ☐ und schwimmt zu nah zur Küste hin.
- H ☐ Das sind die Boote, ihr Motorgebrüll
- E ☐ Der Wal verliert den Richtungssinn
- N ☐ ist ohrenbetäubend laut und schrill.
- C ☐ der Buckelwal hat sich beim Schwimmen verirrt.

Lösungswort:

1	2	3	4	5	6	7	8

2. Die Schnecke will den Wal retten. Wer sagt hier was? Verbinde die Sprechblasen mit dem richtigen Tier.

Wenn du unsicher bist, lies auf Seite 21 nach.

„Ich muss es schaffen!“

„Ich muss, sonst wird es fürchterlich!“

„Schnell!“

„Das geht nicht, ich kann nicht, ich bin zu dick!“

„Ins Wasser zurück!“

* **Profiaufgabe:** Warum **Wale stranden**, weiß man nicht genau. Viele Forscher glauben, dass sie durch Lärm, etwa von Schiffen oder anderen Wasserfahrzeugen, gestört werden und so die Orientierung verlieren. Hast du auch schon einmal nicht mehr gewusst, wo du bist? Was ist dann passiert? Erzähle es einem Partnerkind oder schreibe und male in dein Heft.

»Die Schnecke und der Buckelwal« im Unterricht © Beltz Verlag · Weinheim

k.5

„Rettet den Wal!“

1. Die Schnecke möchte dem Wal unbedingt helfen und hat eine Idee. Schreibe oder male in dein Heft, was sie tut.

2. Lies noch einmal die Seiten 22 bis 27. Kreuze an, was stimmt.

a) ☐ Das ist die Glocke der Schule am Meer. „Die Pause ist aus! Kommt alle her!“
☐ Das ist die Lehrerin der Schule am Meer. „Die Pause ist aus! Kommt alle her!“

b) ☐ Und das ist Frau Sommer, die Lehrerin. Sie mahnt die Kinder: „Seid still! Setzt euch hin!“
☐ Und das ist Frau Winter, die Lehrerin. Sie mahnt die Kinder: „Seid still! Setzt euch hin!“

c) ☐ Ein Kind ruft: „Die Schnecke dort! Was für ein Spaß!“ Die Lehrerin wird erst rot und dann blass.
☐ Ein Kind ruft: „Die Schnecke dort! Was für ein Glück!“ Die Lehrerin wird erst rot und dann blass.

d) ☐ „Oh“, sagen die Kinder, „sie macht eine Spur.“ Und das ist die silbrige Schneckenschleim-Spur.
☐ „Oh“, sagen die Kinder, „sie macht eine Spur.“ Und das ist die silbrige Schneckenschrift-Schnur.

e) ☐ Seht nur, seht, was auf der Tafel steht: Rettet den Wal!
☐ Seht nur, seht, was auf der Heizung steht: Rettet den Wal!

f) ☐ Die Kinder rennen zur Feuerwehr. Die Feuerwehrjungen beeilen sich sehr.
☐ Die Kinder rennen zur Feuerwehr. Die Feuerwehrmänner beeilen sich sehr.

g) ☐ Sie spritzen und sprühn aus ihrem Schlauch und wässern und kühlen den Buckelwal-Kopf.
☐ Sie spritzen und sprühn aus ihrem Schlauch und wässern und kühlen den Buckelwal-Bauch.

* **Profiaufgabe:** Alle Menschen am Strand helfen mit, den Wal mit Wasser zu kühlen, und schaffen es, ihm zu helfen.

a) Stell dir vor, du bist der Wal. Schreibe einen Dankesbrief an die Retter. Gestalte dein Briefpapier.

b) Übe die Szene des Abschieds oder andere Szenen aus dem Buch mit anderen Kindern ein und spiele sie deiner Klasse vor. Die anderen müssen raten, welche Szene ihr vorgespielt habt.

»Die Schnecke und der Buckelwal« im Unterricht © Beltz Verlag · Weinheim

„Und irgendwann sind sie wieder daheim“

Der Wal und die Schnecke sind gute Freunde geworden. Die Schnecke hat dem Wal sogar das Leben gerettet.

1. Was ist für dich ein guter Freund oder eine gute Freundin? Sprich mit einem Partnerkind darüber.

   Wenn du auch einen guten Freund oder eine gute Freundin hast, dann male ihn/sie auf ein Blatt. Male auch, was du gerne mit ihm/ihr machst.

2. Welche Wörter passen zum Thema „Freundschaft“? Überlege genau und male die passenden Kästchen an.

gemeinsam	schlagen	lachen	sich helfen	allein sein
Fahrrad fahren	sich streiten	Spaß haben	zuverlässig sein	gemein sein
spielen	reden	nett sein	sich gern haben	treu sein

3. Schreibe ein Freunde- oder Freundschafts-Akrostichon.

F ür andere da sein … ____________________

R ____________________

E ____________________

U ____________________

N ____________________

D ____________________

E ____________________

Info

AKROSTICHON

Die Buchstaben eines Wortes (z. B. Freundschaft) werden senkrecht untereinandergeschrieben. Jeder Buchstabe bildet dann den Anfang eines Wortes oder Satzes, der zum Thema „Freundschaft“ passt.

* **Profiaufgabe:** Schreibe ein weiteres Akrostichon zu **ABENTEUER** oder **REISE**.

4. Betrachte das Buch noch einmal mit einem Partnerkind. Welche Stelle gefällt euch besonders gut, welche gar nicht? Schreibe sie in dein Heft und begründe.

»Die Schnecke und der Buckelwal« im Unterricht © Beltz Verlag · Weinheim

„Auf geht's und los …"

1. Auf welcher Seite findest du die Sätze?

Satz	Seite
Auf geht's und los, die Welt ist groß.	
Und irgendwann sind sie wieder daheim.	
Wie die Zeit vergeht.	

2. Findest du das Lösungswort? Kreuze die richtigen Buchstaben an.

Frage	ja	nein
Erzählen der Wal und die Schnecke nach ihrer Rückkehr den anderen Schnecken von ihrer Reise?	☐ W	☐ P
Erzählen der Wal und die Schnecke von ihrem Besuch in Paris?	☐ R	☐ E
Erzählen der Wal und die Schnecke, wie die Schnecke dem Wal das Leben gerettet hat?	☐ L	☐ G
Wollen die anderen Schnecken auch eine Reise machen?	☐ T	☐ H

Lösungswort:

1	2	3	4

3. Kennst du diese Wörter? Finde mit einem Partnerkind ein anderes Wort dafür oder erklärt, was es ist.

Floß ______________________________

Fels ______________________________

Woge ______________________________

* **Profiaufgabe:** Am Ende geht alles gut aus. Der Wal ist gerettet!
Erzähle die Geschichte anders weiter. Was könnte passieren?
Schreibe und male die Geschichte in deinem Heft oder Lesetagebuch.

»Die Schnecke und der Buckelwal« im Unterricht © Beltz Verlag · Weinheim

k.8

„Das ist der Himmel…“

1. Findest du das Bild, zu dem die Beschreibung passt?
Schreibe in das Kästchen, auf welcher Seite du es gefunden hast.

a) Es blitzt und donnert. Die Schnecke sitzt auf der Flosse des Wals. Seite [ ]

d) Man sieht drei Robben im Meer. Seite [ ]

g) Zwei rote Krebse halten sich aneinander fest. Seite [ ]

b) Eine Möwe sitzt auf einem Pfahl, auch ein Leuchtturm ist zu sehen. Seite [ ]

e) Ein Junge zeichnet ein Gesicht auf den Boden. Seite [ ]

h) Zwei fliegende Fische springen über das Wasser. Seite [ ]

c) Auf dem Schiff steht: PRIDE OF GLASGOW. Seite [ ]

f) Ein blauer Krebs schaut aus der Höhle. Seite [ ]

i) Ein Hubschrauber ist auf dem Bild zu sehen. Seite [ ]

* **Profiaufgabe:** Denke dir weitere Bilderrätsel aus. Die anderen Kinder müssen sie dann lösen.

2. Das Bilderbuch hat viele schöne Bilder. Welches Bild gefällt dir am besten? Male das Bild auf ein Blatt.

3. Welche Figuren und Tiere lernst du in dem Buch kennen? Male drei in dein Heft.

4. Betrachte das Titelbild ganz genau. Erzähle und schreibe auf, was du siehst.

___

___

___

»Die Schnecke und der Buckelwal« im Unterricht © Beltz Verlag · Weinheim

Anregungen zur Sprachförderung

Auf k.10 finden Sie Bildkarten, die Sie kopieren und laminieren können. Die Karten eignen sich für die spielerische Sprachförderung im Anfangsunterricht, vor allem in Kleingruppen. Manche Aufgaben können aber auch mit der gesamten Klasse oder in Partnerarbeit umgesetzt werden.

- **Genaues sprechen**
  - → Die Karten liegen verdeckt auf dem Tisch. Ein Kind zieht eine Karte und beschreibt, was es sieht. Die anderen Kinder müssen den Begriff erraten.
  - → Ein Kind zieht eine Karte und spricht das Wort „stumm", indem es nur die Lippen bewegt. Die anderen Kinder versuchen zu erraten, um welches Wort es sich handelt.

- **Silben**
  - → Die Wörter werden nach Silben geklatscht und geordnet.

- **Laute hören**
  - → In welchem Wort hörst du einen bestimmten Anlaut?
  - → Die Wörter werden nach An- und Auslauten sortiert.
  - → Weitere Wörter mit entsprechenden An- und Auslauten müssen gefunden werden.

- **Sprechen in ganzen Sätzen**
  - → Die Kinder erzählen zu den Bildern. Sie erzählen, woran sie bei den Bildern denken.
  - → Anhand der Bilder wird die Geschichte nacherzählt.
  - → Sätze bilden, in denen eines oder mehrere Wörter vorkommen. Es können auch Unsinnssätze gebildet werden.

- **Schreiben**
  - → Anfangsbuchstaben zu den Bildern bestimmen und schreiben.
  - → Ein ganzes Wort zu den Bildern schreiben.
  - → Kurze Sätze zu den Bildern schreiben.

- **Memo-Spiel spielen**
  - → Bildkarten zweimal kopieren und laminieren. Bilder-Memospiel spielen. Dabei müssen die Figuren und Gegenstände immer benannt werden.
  - → Wortkarten schreiben. Bild- und Wortkarte müssen zugeordnet werden.

»Die Schnecke und der Buckelwal« im Unterricht © Beltz Verlag · Weinheim

Bildkarten zur Sprachförderung

»Die Schnecke und der Buckelwal« im Unterricht © Beltz Verlag · Weinheim

Lösungsvorschläge

k.1

1.

S	C	H	N	E	C	K	E	M	D	E
A	S	P	U	R	V	E	T	I	E	R
N	R	E	I	S	E	V	B	F	E	I
N	F	G	R	D	S	A	M	E	E	R
T	O	K	L	N	V	D	E	L	I	U
K	U	J	Q	S	A	C	X	S	N	M
O	S	E	H	N	S	U	C	H	T	E
H	E	R	Z	Y	N	L	W	E	L	T
H	I	M	M	E	L	U	S	F	D	S

k.2

1. Meer – Bär / Tier – vier / Schiff – Riff / Spur – Schnur / Bauch – Schlauch / blau – grau / groß – Floß / Schnee – See / Land – Sand

2. Das ist das Meer, so weit und groß,
es trägt die Schneck auf dem Buckelwal-**Floß**
vorbei an Bergen aus Eis und Schnee,
an schwimmenden Inseln inmitten der **See**,
vorbei auch an einem fernen Land,
mit Feuerbergen und goldenem **Sand**.

3. Falsche Reimwörter:
Himmel, Pinguin, Affe, Welle, Wasser, Leiter, Ebbe

k.3

1. Wasser: schäumen, tosen, zischen
Fische: bunt, klein, groß
Himmel: hell, blau, dunkel, grau

k.4

1.
   1. Doch eines Tages ist es passiert,
   2. der Buckelwal hat sich beim Schwimmen verirrt.
   3. Das sind die Boote, ihr Motorgebrüll
   4. ist ohrenbetäubend laut und schrill.
   5. Der Wal verliert den Richtungssinn
   6. und schwimmt zu nah zur Küste hin.
   7. Die Ebbe zieht das Wasser vom Land.
   8. Und da liegt der Wal, gestrandet im Sand.

LÖSUNGSWORT: Schnecke

k.5

2. a) Das ist die Lehrerin der Schule am Meer. »Die Pause ist aus! Kommt alle her!«
b) Und das ist Frau Sommer, die Lehrerin. Sie mahnt die Kinder: »Seid still! Setzt euch hin!«
c) Ein Kind ruft: »Die Schnecke dort! Was für ein Spaß!« Die Lehrerin wird erst rot und dann blass.
d) »Oh«, sagen die Kinder, »sie macht eine Spur.« Und das ist die silbrige Schnecken-schrift-Schnur.
e) Seht nur, seht, was auf der Tafel steht: Rettet den Wal!
f) Die Kinder rennen zur Feuerwehr. Die Feuerwehrmänner beeilen sich sehr.
g) Sie spritzen und sprühn aus ihrem Schlauch und wässern und kühlen den Buckelwal-Bauch.
h) Dann, endlich, kommt die ersehnte Flut. »Hurra!«, schrein die Leute. »Jetzt wird alles gut!!«

k.6

2. gemeinsam, lachen, sich helfen, Fahrrad fahren, sich streiten, Spaß haben, reden, spielen, zuverlässig sein, nett sein, sich gernhaben, treu sein

k.7

1. Auf geht's und los, die Welt ist groß (S. 31).
Und irgendwann sind sie wieder daheim (S. 28).
Wie die Zeit vergeht (S. 28).

2. LÖSUNGSWORT: WELT

k.8

1. a) S. 15, b) S. 23, c) S. 5, d) S. 9, e) S. 22, f) S. 13, g) S. 14, h) S. 11, i) S. 25

»Die Schnecke und der Buckelwal« im Unterricht © Beltz Verlag · Weinheim